Seelenbalsam

44 Geschichten,
die einfach nur guttun
und das Leben
leichter machen

Inhalt

DARF ES ETWAS LEICHTER SEIN?

Ein Schüler ging zu seinem Lehrer und fragte ihn: „Wie kann ich mich von dem, was mich an die Vergangenheit heftet, lösen?" Da stand der Lehrer auf, ging zu einem Baumstumpf, umklammerte ihn und jammerte: „Was kann ich tun, damit dieser Baum mich loslässt?"

Diese kleine Geschichte zeigt: Loslassen ist an sich ein einfacher Akt. Doch vor allem ist es eine persönliche Entscheidung. Nicht der Baum ist die Ursache, die einen festhält, sondern der Mensch, der ihn umklammert. Wenn er sich entscheidet, seine Hände zu öffnen, kann er sich leicht von ihm lösen. Eine Veränderung der Perspektive ist hier der Schlüssel. Ähnlich verhält es sich mit so vielen Dingen. Immer wieder werden wir vor Herausforderungen gestellt. Mal läuft alles glatt und wie am Schnürchen. Und mal fühlt sich jeder Tag wie eine Bergbesteigung an.

Wie kann man sich also das Leben so leicht und angenehm wie möglich machen? Das loslassen, was einen festhält? Dabei hilft eine einfache Frage: Welche Dinge, die auf mich einwirken, kann ich verändern und welche nicht? Nur zu oft rauben Umstände, die außerhalb unseres Einflussvermögens liegen, unsere ganze Kraft. Ob es dabei um Krankheiten, Kriege, das Verhalten anderer Menschen oder einfach nur das

Wetter geht: Wer sich hiervon zu stark vereinnahmen lässt, empfindet das Leben als schwer.

Ganz anders verhält es sich mit den Dingen, die man selbst verändern kann. Das ist vor allem das, was uns als Menschen ausmacht: unser Denken, unsere Wahrnehmung, unsere Handlungen, unsere Entscheidungen, unser Verhalten gegenüber anderen. Richten wir unsere Aufmerksamkeit *darauf*, eben all jenes, das wir beeinflussen können, fühlen wir uns gleich viel besser, denn wir können selbst gestalten. Wir können handeln, etwas ausrichten. Wir können selbst entscheiden, ob wir den Baum festhalten wollen oder nicht.

Die hier zusammengestellten Geschichten und Weisheiten sind vielfach überliefert und entstammen einer jahrhundertealten Tradition. Oder wurden von modernen Autorinnen und Autoren aufgenommen und weitererzählt. Ihre oft pragmatische und erfrischende Lebenskunst ist an keine Kultur oder ein Jahrhundert gebunden und wirkt bis in unsere heutige Zeit hinein. Oft geben sie überraschende Antworten auf komplexe Fragestellungen, die vor allem eines tun: Sie inspirieren dazu, den Fokus auf das zu legen, was wir selbst verändern können. So kann man den kleinen und großen Herausforderungen gut gerüstet begegnen. Diese Geschichten sind wie Balsam und tun der Seele einfach gut.

Leichter ins Glück

An der richtigen Stelle suchen

LOSLASSEN UND GLÜCKLICH SEIN

Jedes Kind kennt das Märchen vom Hans im Glück. *Hans ist ein Lebenskünstler. Obwohl der materielle Wert seines Besitzes immer weiter schrumpft, empfindet er dies nicht als Verlust. Im Gegenteil: Er erhält alles, was er sich wünscht, und ist am Ende der glücklichste Mensch:*

Hans im Glück

Nachdem Hans sieben Jahre bei seinem Herrn gedient hatte, sprach er: „Herr, meine Zeit ist um, nun will ich gerne wieder heim zu meiner Mutter, gebt mir meinen Lohn." Der Herr antwortete: „Du hast mir treu und ehrlich gedient; wie der Dienst war, so soll der Lohn sein", und er gab ihm einen großen Klumpen Gold.

Hans wickelte ihn in ein Tuch, setzte ihn auf die Schulter und machte sich auf den Weg nach Hause. Wie er so dahinging, sah er einen Reiter, der frisch und fröhlich auf einem munteren Pferd vorbeitrabte. „Ach", sprach Hans ganz laut, „Was ist das Reiten ein schönes Ding!" Ich habe einen Klumpen heimzutragen: Es ist zwar Gold, aber ich kann den Kopf dabei nicht gerade halten und er drückt mir auf die Schulter."

„Weißt du was", sagte der Reiter, „wir wollen tauschen: Ich gebe dir mein Pferd, und du gibst mir deinen Klumpen."

„Von Herzen gern", sprach Hans, „aber ich

sage Euch, Ihr müsst Euch damit abschleppen." Der Reiter stieg ab, nahm das Gold und half dem Hans hinauf. Es dauerte nicht lange und Hans tauschte bei einem Bauern das Pferd gegen eine Kuh ein. Bei einem Müller tauscht er dann die Kuh gegen ein Schwein, das Schwein schließlich gegen eine Gans.

Zuletzt tauscht er bei einem Scherenschleifer die Gans gegen einen Wetzstein ein, denn „das Handwerk hat einen goldenen Boden. Und ein rechter Schleifer ist ein Mann, der, sooft er in die Tasche greift, auch Geld darin findet." Hans schleppt sich nun mit dem schweren Stein ab, und als er schwitzend und müde an einem Bach rastet, fällt ihm dieser auf Nimmerwiedersehen ins Wasser.

„So glücklich wie ich", rief Hans da auch, „gibt es keinen Menschen unter der Sonne."

Mit leichtem Herzen und frei von aller Last sprang er nun fort, bis er daheim bei seiner Mutter war.

Gekürzt nach dem Märchen der Brüder Grimm

Was du bekommst, nimm ohne Stolz an,
was du verlierst, gib ohne Trauer auf.

Mark Aurel

NUR ICH HABE IMMER PECH

Kommt einem das nicht bekannt vor: zu denken, Glück hätten immer nur die anderen? Während man selbst mit kleinen und größeren Herausforderungen zu kämpfen hat, läuft das Leben bei anderen vermeintlich leichter ab. Doch hier kann man sich täuschen:

Glück

Ein Sufiweiser, der ein einfaches, beschauliches Leben führte, erhielt eines Tages Besuch von einigen Pilgern.

„Wir wollen endlich unsere Schwierigkeiten lösen und glücklich sein", sagten sie zu ihm.

Doch sie waren so streitsüchtig und undiszipliniert, dass jeder von ihnen als Erster reden wollte.

„Mein Problem ist wichtiger als deins", versetzte einer.

„Aber ich bin viel unglücklicher als du!", schimpfte ein anderer.

Und so ging es weiter, bis alle sich in den Haaren lagen und große Verwirrung entstand.

„Schluss jetzt. Ruhe!", schrie der Weise sie an. „Setzt euch in einen Kreis und wartet, bis ich wieder da bin."

Eingeschüchtert taten die Pilger wie ihnen geheißen.

Bald war der Weise zurück und drückte jedem Feder und ein Blatt Papier in die Hand. Dann stellte er einen kleinen Bambuskorb in die Mitte des Kreises.

„Jetzt schreibt jeder von euch sein drängendstes Problem auf ein Blatt Papier, faltet es und wirft es in den Korb."

Als jeder sein Blatt in den Korb gelegt hatte, vermischte der Weise alle Blätter. Dann sagte er ruhig:

„Gebt den Korb jetzt durch. Jeder soll ein Blatt herausziehen. Lest, was auf dem Blatt steht. Ist das geschilderte Problem weniger schlimm als euer eigenes, sollt ihr euch dessen annehmen. Wenn nicht, legt das Blatt zurück in den Korb und bleibt bei eurem eigenen Unglück."

Also lasen die Pilger die Probleme der anderen und erschraken heftig darüber.

Ein jeder dachte: „Ich behalte wohl besser mein Problem, das kenne ich wenigstens."

Also kamen sie bald zu dem Schluss, dass ihre eigenen Schwierigkeiten lange nicht so groß seien wie die der anderen. Warum auch sollte man sich neuen Ärger aufhalsen?

„Und wir haben geglaubt, jeder andere sei glücklicher als wir und nur wir hätten Pech", hieß es danach einhellig.

In kürzester Zeit lagen alle Blätter wieder im Korb. Alle waren so glücklich, zu ihren eigenen

Problemen zurückkehren zu können, dass sich auf den Lippen der Pilger ein Lächeln zeigte. Voller Dankbarkeit verneigten sie sich vor dem Meister und nahmen Abschied.

Gianluca Magi

Es hat im Leben jeder sein Bürdeli*,
je eher man sich daran gewöhnt,
es manierlich zu tragen, desto leichter
kommt es einem später vor.

Jeremias Gotthelf

*Last

VERANTWORTUNG ÜBERNEHMEN

Wenn etwas nicht rund läuft, suchen wir schnell die Schuld bei anderen. Oft geht es aber nicht um Schuld, sondern um die Bereitschaft, selbst etwas zu verändern:

Wie man einen Fluss bestraft

Es war einmal vor langer Zeit ein Bauer, der ritt auf seinem Esel zum Markt in die Stadt, da er manche Dinge in seinem Dorf nicht verkaufen konnte. Auf seinem Weg musste er einen kleinen Flusslauf überschreiten. An einer Stelle, die er kannte, war der Fluss gewöhnlich flach, so dass man gut hindurch gehen konnte. Da das Flussbett steinig war, stieg er stets ab und ging neben seinem Esel.

Nach einem starken Regen war nun der Wasserstand des Flusses etwas höher als sonst, und der Bauer wurde bis zum Gürtel nass. Das ärgerte ihn sehr, und er begann zu schimpfen: warum denn die Dorfbewohner seine Waren nicht kaufen würden, warum seine Frau nicht losgeritten war, dass der Esel auch längere Beine haben könnte und warum es nun gerade kurz zuvor so stark geregnet hatte.

„Ich muss zum Markt. Warum trägst du so viel Wasser, du böser Fluss? Du bist schuld, dass ich mich so ärgern muss."

Er stand im kalten Wasser und wurde immer wütender. Da nahm er seinen Stock und peitschte das Wasser damit aus. Dem Esel, der eine Weile neben dem Bauern gestanden hatte, wurden die Beine auch kalt und er ging ein paar Schritte weiter. Vom trockenen Ufer aus beobachtete er den Bauern, der voller Wut das Wasser peitschte und dabei immer nasser wurde. Während der Esel nach ein paar Minuten wieder trockene Beine hatte, kühlte der Bauer immer mehr aus und fing an zu frieren und zu niesen.

Voller Ärger beschloss der Bauer, wieder zurückzureiten. Auf dem Weg nach Hause erklärte er dem Esel genau, wie er den Fluss bestraft hatte:

„Der Fluss wollte mich ärgern. Er ist schuld daran, dass ich nun erkältet bin. Aber dem hab ich es gezeigt."

Und wenn er nichts gelernt hat, bestraft er den Fluss noch heute …

Steffen Zöhl

Für seine Handlungen sich allein verantwortlich fühlen und allein ihre Folgen, auch die schwersten, tragen, das macht die Persönlichkeit aus.

Ricarda Huch

WER SUCHT, DER FINDET AUCH?

Für den, der an der falschen Stelle sucht, ist jede Anstrengung umsonst:

Die Suche

Ein alter Mann lief suchend in seinem Dorf umher. „Was hast du denn verloren?“, fragten einige Dorfbewohner und boten an, sich an der Suche zu beteiligen.

„Meinen Schlüssel“, sagte der Alte. Gemeinsam schauten sie auf allen Straßen und Plätzen, doch sie fanden keinen Schlüssel.

„Kannst du dich denn erinnern, wo du ihn ungefähr verloren hast?“, fragten sie nach einiger Zeit.

„In meinem Schlafzimmer“, antwortete der alte Mann.

Sofort stellten alle die Suche ein und starrten den Alten entgeistert an. Dieser sprach:

„Ich wollte euch nur zu verstehen geben: Wenn ihr im Außen sucht, was ihr im Inneren verloren habt, werdet ihr dies niemals finden.“

Das Glück liegt in uns,
nicht in den Dingen.

Buddha

NEUE PRIORITÄTEN SETZEN

Ein glücklicher Moment kann Vieles überwinden. Manchmal schenkt er sogar die Kraft, einer leidvollen Erfahrung neu und gestärkt zu begegnen:

Künstler

Es war einmal ein Künstler, der entsann die Idee für ein neues Kunstwerk. Es sollte etwas ganz Besonderes verkörpern, nämlich die „Lust, die einen Augenblick verweilt".

Nun musste er nur noch Bronze finden, um seine neue Idee in die Tat umzusetzen. Doch alle Bronze in der Welt war aufgebraucht. Nirgends wurde er fündig. Die einzige Bronze, die es noch gab, war in einem Kunstwerk verarbeitet, das hieß: „Leid, das ewig währt."

Dieses Werk hatte er selbst vor vielen Jahren geschaffen. Es stand auf dem Grab des Menschen, den er am meisten geliebt hatte. Zum Zeichen der Liebe, die niemals stirbt, und des Menschen Leid, das ewig währt.

Entschlossen ging er zum Grab, nahm das Kunstwerk, stellte es in einen großen Schmelzofen und übergab es dem Feuer.

Und aus der Bronze vom „Leid, das ewig währt" schuf er sein Werk von der „Lust, die einen Augenblick verweilt".

Monde und Jahre vergehen
und sind immer vergangen,
aber ein schöner Moment
leuchtet das ganze Leben hindurch.

Franz Grillparzer

Leicht und zufrieden

Lieben, was ist

ACH, KÖNNTE ICH …

Oft wünscht man sich die Dinge, die man gerade nicht hat. Doch geht es einem dann wirklich besser?

Der Steinhauer

Es war einmal ein Mann, der Steine aus dem Felsen herausschlug. Seine Arbeit war sehr schwer, und er arbeitete viel, doch sein Lohn war gering, und zufrieden war er nicht. Er seufzte über die Last seiner Arbeit und rief: „Ach, wäre ich doch so reich, um auf einer Bambusbank unter einem Moskitonetz von roter Seide zu ruhen!“

Da kam ein Engel vom Himmel und sprach: „Du sollst sein, was du gewünscht hast!“ Und er ward reich. Er ruhte auf einer Bambusbank, und das Moskitonetz war von roter Seide.

Der König des Landes aber zog vorbei mit Reitern vor seinem Wagen. Auch hinter dem Wagen waren Reiter, und man hielt den goldenen Sonnenschirm über des Königs Haupt. Als der reiche Mann das sah, ärgerte er sich darüber, dass über seinem Kopf kein goldener Sonnenschirm gehalten wurde, und zufrieden war er nicht. Er seufzte und rief: „Ich wünschte, König zu sein!“ Da kam ein Engel vom Himmel und sprach: „Du sollst sein, was du gewünscht hast!“ Und er war König. Vor seinem Wagen ritten viele Reiter, und auch hinter dem Wagen ritten Reiter, und über seinem Haupt hielt man den goldenen Sonnenschirm.

Die Sonne aber schien mit heißen Strahlen und verbrannte das Erdreich, dass der Graswuchs verdorrte. Und der König beklagte sich, dass die Sonne ihm das Gesicht versenge und Macht über ihn habe, und zufrieden war er nicht. Er seufzte und rief: „Ich wünschte, die Sonne zu sein! Da kam ein Engel vom Himmel und rief: „Du sollst sein, was du gewünscht hast!“ Und er ward die Sonne. Er sandte seine Strahlen nach oben und unten, nach rechts und links und überallhin. Er versengte den Graswuchs auf der Erde und das Gesicht der Fürsten, die auf der Erde lebten.

Eine Wolke aber stellte sich zwischen die Erde und ihn, und die Strahlen der Sonne prallten von ihr ab. Und er wurde zornig, dass seiner Macht Widerstand geleistet wurde, und beklagte sich, dass diese Wolke Macht über ihn hatte, und zufrieden war er nicht. Er wollte die Wolke sein, die so mächtig war. Da kam ein Engel vom Himmel und sprach: „Du sollst sein, was du gewünscht hast!“ Er wurde eine Wolke und stellte sich zwischen Sonne und Erde und fing die Strahlen auf, dass das Gras grün wurde. Die Wolke regnete in großen Tropfen auf das Erdreich und ließ die Flüsse anschwellen. Sie verwüsteten mit ihren Wassergüssen das Feld, und sie fielen nieder auf einen Felsen, der nicht wich. Sie klatschten in Strömen auf ihn herab; der Felsen wich nicht. Die Wolke wurde zornig, dass der Felsen nicht weichen wollte und dass die Wucht ihrer Ströme vergeblich war, und zufrieden war sie nicht. Sie rief: „Diesem Felsen ist Macht über mich gegeben. Ich wünschte, ich wäre dieser Felsen!" Da kam ein Engel vom Himmel und sprach: „Du sollst sein, was du gewünscht hast!" Und er wurde ein Felsen und bewegte sich nicht, wenn die Sonne schien, und nicht, wenn es regnete.

Da kam ein Mann mit Hacke und schwerem Hammer, der Steine aus dem Felsen schlug. Und der Felsen sagte: „Was heißt das, dass dieser Mann Macht über mich hat und Steine aus meinem Schoß schlägt?" Und zufrieden war er nicht. Er rief: „Ich bin schwächer als er! Ich wünschte, ich wäre dieser Mann!" Da kam ein Engel vom Himmel und sprach: „Du sollst sein, was du gewünscht hast!"

Und er war wieder Steinhauer, hieb seine Steine aus dem Felsen in mühsamer Arbeit und arbeitete schwer für geringen Lohn – und er war zufrieden.

Japanisches Märchen

Wer nicht zufrieden ist mit dem,
was er hat,
der wäre auch nicht zufrieden mit dem,
was er haben möchte.

Berthold Auerbach

EIN LOB AUF DIE GEDULD

In einer Welt, die sich immer schneller dreht, ist Geduld zu einer Tugend geworden. Man ist das Warten nicht mehr gewohnt. Doch Warten hat durchaus einen Sinn:

Geduld

Es war einmal ein junger Bauer, der wollte seine Liebste treffen. Er war ein ungeduldiger Geselle und viel früher zum Treffpunkt gekommen. Er verstand sich schlecht aufs Warten. Er sah nicht den Sonnenschein, nicht den Frühling und die Pracht der Blumen. Ungeduldig warf er sich unter einen Baum und haderte mit sich und der Welt.

Da stand plötzlich ein graues Männlein vor ihm und sagte: „Ich weiß, wo dich der Schuh drückt. Nimm diesen Knopf und nähe ihn an dein Wams. Und wenn du auf etwas wartest und dir die Zeit zu langsam geht, dann brauchst du nur den Knopf nach rechts zu drehen, und du springst über die Zeit hinweg bis dahin, wo du willst."

Der junge Bauer nahm den Zauberknopf und drehte. Und schon stand die Liebste vor ihm und lachte ihn an. Er drehte abermals und saß mit ihr beim Hochzeitsschmaus. Da sah er seiner jungen Frau in die Augen:

„Wenn wir doch schon allein wären ..."

„Wenn unser neues Haus fertig wäre …“

Und er drehte immer wieder. Jetzt fehlten noch die Kinder und er drehte schnell am Knopf. Dann kam ihm Neues in den Sinn und er konnte es nicht erwarten. Und drehte, drehte, dass das Leben an ihm vorbeisprang, und ehe er sich's versah, war er ein alter Mann und lag auf dem Sterbebett.

Er merkte, dass er schlecht gewirtschaftet hatte. Nun, da sein Leben verrauscht war, erkannte er, dass auch das Warten des Lebens wert ist. Und er wünschte sich die Zeit zurück.

Heinrich Spoerl

Jedes Werden in der Natur, im Menschen,
in der Liebe muss abwarten, geduldig sein,
bis seine Zeit zum Blühen kommt.

Dietrich Bonhoeffer

Was hat man von seinem Reichtum, wenn man nichts daraus macht. Und sei es, davon sich und anderen etwas Gutes zu tun:

Das verschwundene Gold

Es war einmal ein geiziger, reicher Mann. Er besaß sehr viel Gold, das er unter einem Baum in seinem Garten vergraben hatte. Regelmäßig ging er in seinen Garten, grub das Gold aus und betrachtete es stundenlang. Doch eines Tages fand er nur noch ein leeres Loch vor, das Gold war verschwunden.

Der Mann war fix und fertig und weinte so laut, dass seine Nachbarn herbeieilten, um zu sehen, was passiert war. Aufgelöst erzählte er ihnen vom gestohlenen Gold.

Einer fragte ihn: „Hast du das Gold zu etwas gebraucht?"

„Nein, ich habe es mir bisher nur einmal in der Woche angesehen!"

„Wenn du es nicht verwendet hast, dann kannst du genauso gut jede Woche herkommen und das Loch anschauen."

Das Glück wohnt nicht im Besitze
und nicht im Golde,
das Glücksgefühl ist in der Seele zu Hause.

Demokrit

LIEBEN, WAS IST

Manche Dinge lassen sich einfach nicht ändern. Wer sich davon nicht beeinträchtigen lässt, hat durchaus Chancen, glücklich zu sein:

Wie wird das Wetter heute?

Ein Reisender trifft einen Schäfer und fragt ihn:

„Sie können mir sicher sagen, wie heute das Wetter wird?"

Der Schäfer antwortet überzeugt:

„Genau so, wie ich es gerne habe."

Der Reisende etwas verdutzt:

„Woher wissen Sie, dass es genau so sein wird?"

„Mein Freund, meine Erfahrung hat mir gezeigt, dass ich nicht immer das bekomme, was ich mir wünsche. Deshalb habe ich gelernt, stets das zu mögen, was ich bekomme. Und so bin ich mir sicher, das Wetter wird heute so sein, wie ich es mag."

Was immer geschieht, es liegt an uns, Glück oder Unglück darin zu sehen.

Anthony de Mello

Ich freue mich,
wenn es regnet,
denn wenn ich mich nicht freue,
regnet es auch!

Karl Valentin

ALLES RELATIV

Natürlich darf sich glücklich schätzen, wer ein langes Leben geschenkt bekommt. Doch ob ein Leben als glücklich wahrgenommen wird, hat mit etwas ganz anderem zu tun:

Eintagsfliege

Manch warmen Sommertag hatte die Eintagsfliege um die Krone einer alten Eiche getanzt, gelebt, geschwebt und sich glücklich gefühlt. Und ruhte dann das kleine Geschöpf einen Augenblick in stiller Glückseligkeit auf einem der großen frischen Eichenblätter, dann sagte der Baum immer: „Du armes kleines Wesen! Nur einen Augenblick währt dein ganzes Leben! Wie kurz doch! Es ist traurig!"

„Traurig?", antwortete dann immer die Eintagsfliege, „was meinst du damit? Alles ist ja so unvergleichlich licht und klar, so warm und herrlich, und ich bin so froh!"

„Aber nur einen Tag, und dann ist alles vorbei!"

„Vorbei?", sagte die Eintagsfliege. „Was ist vorbei? Bist du auch vorbei?"

„Nein, ich lebe viele Tausende von deinen Tagen, und mein Tag umfasst ganze Jahreszeiten. Das ist etwas so Langes, dass du es gar nicht auszurechnen vermagst!"

„Nein, denn ich verstehe dich nicht! Du hast Tausende von meinen Tagen, aber ich habe Tausende von Augenblicken, um darin froh und glücklich zu sein! Hört alle Herrlichkeit dieser Welt auf, wenn du einmal stirbst?"

„Nein", sagte der Baum, „sie besteht sicher länger, unendlich länger, als ich denken kann!"

„Aber dann haben wir ja gleichviel Lebenszeit, nur dass wir verschieden rechnen."

Hans Christian Andersen

Das Leben leicht tragen und tief genießen
ist ja doch die Summe aller Weisheit.

Wilhelm von Humboldt

ICH MUSS NOCH WAS ERLEDIGEN

Vor lauter Pflichterfüllung vergisst man manchmal, worauf es eigentlich ankommt:

Was ist Seligkeit?

Eine alte Frau bügelte Wäsche. Da trat der Engel des Todes zu ihr und sagte: „Es ist Zeit, komm!"

Die Frau antwortete: „Gut, aber erst muss ich die Wäsche fertig bügeln. Wer tut es denn sonst? Und ich muss kochen; meine Tochter arbeitet im Geschäft, sie braucht etwas zu essen, wenn sie heimkommt. Siehst du das ein?" Der Engel ging.

Eine Zeit später kam er wieder. Er traf die Frau, als sie gerade das Haus verließ. „Komm jetzt!", sagte er, „es ist Zeit."

Die Frau antwortete: „Aber ich muss erst ins Altersheim. Da warten ein Dutzend Leute auf mich, die von ihrer Familie vergessen sind. Soll ich sie etwa im Stich lassen?"

Der Engel ging.

Einige Zeit später kam er zurück und sagte: „Es ist Zeit! Komm!" Die Frau antwortete: „Ja, ja, ich weiß, aber wer bringt meinen Enkel in den Kindergarten, wenn ich nicht mehr bin?"

Der Engel seufzte: „Gut, ich werde warten, bis dein Enkel allein gehen kann."

Einige Jahre später saß die Frau am Abend müde vor ihrem Haus und dachte: „Eigentlich könnte der Engel jetzt kommen. Nach all der Plackerei muss die Seligkeit doch wunderbar sein."

Der Engel kam. Die Frau fragte: „Bringst du mich jetzt in die ewige Seligkeit?"

Der Engel fragte zurück: „Und wo, glaubst du, warst du die ganze Zeit?"

Was für ein herrliches Leben hatte ich!
Ich wünschte nur, ich hätte es früher bemerkt.

Colette

Leichter gemeinsam

Mit anderen
ist man nicht allein

ICH HABE ALLES – UND BIN UNGLÜCKLICH

Reich sein bedeutet nicht automatisch, glücklich zu sein, wie die folgende Geschichte erzählt – und gibt gleichzeitig den Schlüssel in die Hand, was viel wesentlicher ist:

Was glücklich machen kann

Ein junger Mann betrat die Praxis eines Arztes, der wegen seiner Weisheit berühmt war. „Ich bin sehr reich“, sagte der junge Mann, „aber doch im Herzen unendlich traurig. Viele Ärzte haben mich schon untersucht: Ich bin kerngesund.“

Der Arzt nahm aus einem Schrank einen Kasten, der voller Spiegel war. Auf jede Frage hin: Besitzen Sie ein Haus, Aktien, einen Sportwagen, haben Sie eine Freundin, eine Arbeit?, heftete der Arzt, wenn die Frage mit „Ja“ beantwortet wurde, einen Spiegel an die Wand. Schließlich waren ringsum nur noch Spiegel zu sehen.

„Was erkennen Sie überall?“, fragte der Arzt.

„Ich sehe überall *mich*!“, antwortete der junge Mann.

Da lächelte der weise Arzt: „Hier sehen Sie die Ursache Ihres Leidens: Bei allem, was Sie bisher getan oder sich erworben haben, haben Sie stets *nur sich* im Blick gehabt. Aber Ihr Herz braucht mehr als das, was man kaufen und sich anlachen kann: Es besitzt einen Schlüssel zu den Herzen anderer, um *diese* zu erfreuen und zu beglücken. Suchen Sie also überall das Bild des *Mitmenschen* in den Spiegeln dieser Welt. Nur so werden Sie glücklich."

Hermann Multhaupt

Drei Dinge sind im Leben eines Menschen wichtig.
Erstens: Menschlichkeit.
Zweitens: Menschlichkeit.
Drittens: Menschlichkeit.

Henry James

VOM ICH ZUM DU

Wem es gelingt, den eigenen Egoismus zu überwinden und vom Ich zum Du zu kommen, dem öffnen sich wichtige Türen:

Türöffner

Ein Mädchen verirrt sich im Wald. Es wird dunkel und unheimlich. Furcht steigt in dem Mädchen auf. Verzweifelt sucht es den Weg nach Hause. Da kommt es an eine kleine Hütte. Aus einem Fenster leuchtet ein warmes Licht. Es läuft auf das Häuschen zu und klopft leise an die Tür.

Eine Stimme antwortet von drinnen: „Wer ist da?"

Das Mädchen antwortet: „Ich!"

Da entsteht ein großes Schweigen. Auch die Blätter des Waldes halten inne in ihrem Rauschen. Nur von innen ist ein leises Weinen zu hören. Das Mädchen kauert sich vor die Tür. Es sinnt nach über das Wort, das es sagte und das zum Schweigen und Weinen führte: Ich. Ganz langsam wächst in ihm die Erkenntnis, dass sich der Mensch verwandeln muss, wenn er in das Haus der Geborgenheit und Liebe, Wärme und Freude Einlass finden will.

Am Morgen geht es nochmal an die Tür und klopft.

Wieder fragt von innen eine Stimme: „Wer ist da?“

Nun antwortet es: „Du!“

Da öffnet sich die Tür und das Mädchen darf eintreten in die warme, helle Stube voller Licht und Leben.

Überliefert nach einer arabischen Legende

Ach, die Tür des Glückes geht nicht nach innen,
so dass man auf dieselbe losstürmen
und sie aufdrücken könnte.
Sie geht nach außen; man kann also
nichts dabei machen.

Søren Kierkegaard

EIN LICHT VERSCHENKEN

Wer sich für andere hergibt und verschenkt, verwandelt nicht nur sich selbst, sondern bringt ein Licht in die Welt:

Von der Kerze, die nicht brennen wollte

Nein, das hatte es noch nicht gegeben. Eine Kerze, die nicht brennen wollte, war absolut einmalig. Es herrschte große Aufregung unter den Kerzen im Wohnzimmer – zumal bald Weihnachten gefeiert werden sollte und die Kerzen mit ihrem festlichen Glanz die Dunkelheit verwandeln wollten.

Eine alte, erfahrene Kerze bot sich an, mit der kleinen zu reden. „Nein, ich möchte nicht brennen", antwortete die Kleine störrisch. „Wer brennt, verbrennt recht bald, und dann ist es um ihn geschehen. Ich möchte bleiben, wie ich bin – so schlank, so schön und so elegant."

„Wenn du nicht brennst, bist du tot, noch bevor du gelebt hast", antwortete die Alte gelassen. „Dann bleibst du auf ewig Wachs und Docht, und Wachs und Docht sind nichts. Nur wenn du dich entzünden lässt, wirst du, was du wirklich bist."

„Na, da danke ich schön", entgegnete die Kleine ängstlich. „Ich möchte mich nicht verlieren, ich möchte lieber bleiben, was ich jetzt bin. Gut, es ist etwas langweilig und manchmal et-

was dunkel und kalt, aber es tut noch lange nicht so weh wie die verzehrende flackernde Flamme."

„Man kann es eigentlich nicht mit Worten erklären, man muss es erfahren", antwortete die Alte rätselhaft. „Nur wer sich hergibt, verwandelt die Welt, und indem er die Welt verwandelt, wird er auch mehr er selbst. Du darfst nicht über das Dunkel und die Kälte klagen, wenn du nicht bereit bist, dich anstecken zu lassen."

Da ging der kleinen Kerze plötzlich ein Licht auf. „Du meinst, man ist das, was man von sich herschenkt?"

„Ja", antwortete die Alte. „Man bleibt dabei nicht so schlank, so schön und so elegant. Man wird gebraucht und gerät auch etwas aus der Form. Aber man ist mächtiger als jede Nacht und alle Finsternis der Welt."

So geschah es, dass die kleine Kerze ihren Widerstand aufgab und sich entzünden ließ. Je mehr sie flackerte, umso mehr verwandelte sie sich in reines Licht und leuchtete und strahlte, als gelte es, die ganze Welt zu wärmen und alle Nächte hell zu machen. Wachs und Docht verzehrten sich, aber ihr Licht leuchtet bis auf den heutigen Tag in den Augen und Herzen all der Menschen, für die sie brannte.

Ulrich Peters

DER WERT DER FREUNDSCHAFT

Was zählt, sind nicht Gold und Geld. Was zählt, sind gute Freunde:

Das Neujahrsfest

Das Jahr neigte sich dem Ende zu, und es war an der Zeit, das Neujahrsfest vorzubereiten. Der König befahl seinen Leuten:

„Ich möchte ein wahrhaft königliches Fest ausrichten. Viele berühmte Persönlichkeiten sollen meine Gäste sein. Die Tische werden sich vor leckeren Speisen nur so biegen, und der Wein soll aus den besten Regionen meines Reiches kommen."

Die Mitarbeiter machten sich auf und brachten von überall her nur die größten Köstlichkeiten.

Aber der König war nicht zufrieden.

„Auch im letzten Jahr habe ich ein großes Fest gegeben, wie in all den Jahren zuvor. Doch die ganze Stadt sprach nur immer vom Fest bei Amon, dem Künstler. Dort wurde die ganze Nacht getanzt, getrunken und gelacht. Irgendwann muss es mir doch gelingen, ihn zu übertrumpfen. Der König, der bin doch ich!"

Einer seiner Mitarbeiter, der ein kluger Mann war, verneigte sich tief und fragte:

„Mein König, lasst doch diesen Künstler herkommen und befragt ihn selbst."

Und so geschah es.

„Warum lieben die Menschen dein Fest so sehr, obwohl es in einer schäbigen Hütte stattfindet mit mitgebrachten Speisen und billigem Wein?“, fragte der König. Und Amon antwortete:

„Wir sind alle Freunde und mögen und schätzen einander. Mehr brauchen wir nicht. Und darum sind wir reich.“

Aus Persien

Reich sind nur die, die wahre Freunde haben.

Thomas Fuller

LÄCHELN – UND DIE WELT LÄCHELT ZURÜCK

Ein Lächeln hebt nicht nur die eigene Laune. Es macht ein gutes Miteinander um ein Vielfaches leichter:

Zuhause gesucht

Es war ein kleines Lächeln, das machte sich auf den Weg, um zu sehen, ob es nicht jemanden fände, bei dem es wohnen könnte. Es traf ein kleines Augenzwinkern, das auch nicht viel größer war. Sofort fühlten sich die zwei zueinander hingezogen. Sie gaben sich die Hand und zogen gemeinsam weiter. Sie waren noch nicht sehr weit gegangen, da trafen sie zwei kleine Lachfältchen. Die fragten, wohin der Weg ginge, und gingen mit.

Da kamen sie in einen großen Wald, und unter einem Baum sahen die vier Freunde eine alte Frau sitzen, die allein war und sehr traurig aussah. Die vier verständigten sich kurz und schauten dann, ob die alte Frau noch Platz für sie hätte. Heimlich und lautlos versteckten sich die zwei Lachfältchen und das Augenzwinkern unter den Augen, und das Lächeln krabbelte in die Mundwinkel. Da kitzelte es die alte Frau, sie stand auf und merkte plötzlich, dass sie nicht mehr so traurig war, und sie ging hinaus aus dem Wald auf eine große Wiese, wo es hell und warm war.

Dem ersten Menschen, den sie traf, schenkte sie befreit ein kleines, klitzekleines Lächeln, zwinkerte dabei mit den Augen, und die Lachfältchen fühlten sich richtig wohl.

Lachen und Lächeln sind Tor und Pforte,
durch die viel Gutes
in den Menschen hineinhuschen kann.

Christian Morgenstern

ENTSCHULDIGUNG!

Zuzugeben, dass man einen Fehler begangen hat, kann eine Last von den Schultern nehmen und das Leben im wahrsten Sinne des Wortes erleichtern. Das Herz hat dann wieder Platz, sich an die guten Dinge zu erinnern:

Der Wind des Verzeihens

Zwei Freunde wanderten durch die Wüste. Während der Wanderung kam es jedoch zu einem Streit, und der eine schlug dem anderen im Affekt ins Gesicht.

Der Geschlagene war gekränkt. Ohne ein Wort zu sagen, kniete er nieder und schrieb folgende Worte in den Sand: „Heute hat mich mein bester Freund geschlagen."

Sie setzten ihre Wanderung fort und kamen nach kurzer Zeit zu einer Oase. Dort beschlossen die beiden, ein Bad zu nehmen. Der Freund, der geschlagen worden war, blieb plötzlich im Schlamm stecken und drohte zu ertrinken. Aber sein Freund rettete ihn buchstäblich in letzter Sekunde.

Nachdem sich der Freund, der fast ertrunken war, wieder erholt hatte, nahm er einen Stein und ritzte folgende Worte hinein: „Heute hat mein bester Freund mir das Leben gerettet."

Der Freund, der den anderen geschlagen und auch gerettet hatte, fragte erstaunt: „Als ich dich verletzt hatte, hast du deinen Satz nur in den Sand geschrieben, aber nun ritzt du die Worte in einen Stein. Warum?“

Der andere Freund antwortete:

„Wenn uns jemand gekränkt oder beleidigt hat, sollten wir es in den Sand schreiben, damit der Wind des Verzeihens es wieder auslöschen kann. Aber wenn jemand etwas tut, was für uns gut ist, dann können wir das in einen Stein gravieren, damit kein Wind es jemals auslöschen kann.“

Man kommt in der
Freundschaft nicht weit,
wenn man nicht bereit ist,
kleine Fehler zu verzeihen.

Jean de la Bruyère

WAS DENKEN WOHL DIE ANDEREN?

Diese Frage beschäftigt immer wieder viele von uns. Denn jede und jeder wünscht sich Anerkennung und Wertschätzung. Das Bedürfnis, Zugehörigkeit und Verbundenheit zu erleben, gehört zum Menschsein dazu. Wenn es jedoch zu viel Raum einnimmt, hält es davon ab, den eigenen Weg zu gehen:

Die Lektion des Künstlers

Nadja war die begabteste Schülerin auf der Kunstschule. Durch harte Arbeit, Hingabe, Fantasie und große künstlerische Begabung hatte sie die anspruchsvolle Ausbildung durchlaufen, und nun war sie fast fertig.

„Nun steht nur noch eine Lektion aus“, sagte ihr Lehrer eines Tages. „Deine Aufgabe ist es, ein Bild zu malen, das dein bis dahin hervorragendstes Werk darstellen soll.“

Nadja arbeitete Tag und Nacht, und schließlich war das Bild fertig. Es war wirklich ihr bislang bestes Werk.

„Sehr gut“, lobte der Lehrer. „Nimm nun das Bild und bring es zum Marktplatz. Hänge es so auf, dass alle es sehen können. Hänge zusätzlich ein Schild daneben, auf dem du beschreibst, dass du dein Werk zur allgemeinen Betrachtung und Beurteilung ausstellst und dass du dankbar bist, wenn alle, die einen Fehler auf dem Bild bemer-

ken, diese Stelle mit einem Kreuz markieren."
Nadja tat, was der Lehrer gesagt hatte, und wartete ungeduldig einige Tage. Dann ging sie zum Marktplatz, gespannt vor Erwartung. Sollte sie den Test bestanden haben? Würden keine Kreuze auf dem Bild sein?

Doch das Herz wurde ihr schwer, als sie das Bild sah. Schon von Weitem konnte sie sehen, dass das Bild vollkommen überdeckt war mit Kreuzen. Nun würde sie sicher ein „ungenügend" auf das Bild bekommen.

Betrübt ging sie zur Schule zurück und zeigte ihrem Lehrer das Bild. Der sagte nicht viel, sondern bat Nadja, ein neues Bild zu malen, wenn möglich ein noch besseres.

Dieses Mal arbeitete Nadja noch härter. Sie wollte so gerne erfolgreich sein. Der Lehrer lobte auch dieses neue Bild und erklärte ihr, dass sie auch dieses Bild auf dem Marktplatz ausstellen solle.

Doch dieses Mal sollte das Mitteilungsschild neben dem Bild ein wenig anders lauten.

Nadja hörte auf die Instruktionen ihres Lehrers und beeilte sich dann, zum Marktplatz zu gehen. Dort hängte sie ihr Bild zusammen mit einem neuen Hinweisschild auf. Auch auf diesem Schild wurden die Leute aufgefordert, auf mögliche Fehler hinzuweisen. Doch diesmal bekamen die Zuschauer die Chance, Fehler, die sie entdeckt hatten, selbst zu korrigieren, mit Hilfe von Pinsel und Farbe, die daneben standen.

Und stell dir vor, als Nadja nach einigen Tagen zu ihrem Bild zurückkehrte, hatte niemand auch nur einen einzigen Fehler finden können. Freudestrahlend ging sie zur Schule zurück und zeigte ihrem Lehrer das Bild.

„Nun hast du die letzte Lektion gelernt, die du lernen musstest“, sagte der Lehrer mit einem Lächeln. „Und die Lehre ist folgende:

Immer wird es Menschen geben, die deine Werke beurteilen. Das erste Bild war voll mit Kreuzen, weil viele gerne ein Wörtchen mitreden wollen, wenn sie die Möglichkeit dazu bekommen, auch wenn sie überhaupt keine Ahnung von der Materie haben. Dein zweites Bild war völlig ohne Kreuze, nachdem in diesem Fall auch das Können und die Geschicklichkeit der Betrachtenden und Beurteilenden selbst gefragt waren. Darum: Wenn du deine Seele, deine Begabung und dein Herz in ein Werk hineingelegt hast, so fälle dein eigenes Urteil. Du gibst dem Werk seinen Wert, das können alle Betrachter der Welt dir nicht wegnehmen. Und vergiss nicht: dasselbe gilt auch, wenn du das Lebenswerk eines anderen beurteilen sollst.“

Kristina Reftel

Das mächtigste Hirngespinst
ist die öffentliche Meinung: Niemand weiß genau,
wer sie macht, niemand hat sie je persönlich
kennengelernt, aber alle lassen sich von ihr
tyrannisieren.

Johann Wolfgang von Goethe

Es gibt so viele Meinungen wie es Menschen auf der Welt gibt. Es ist spannend, andere Standpunkte und Lebensweisen zu akzeptieren und fremde Meinungen zuzulassen. Erst, wenn man sich in die Lage anderer hineinversetzen und Verständnis entwickeln kann, kann man den anderen verstehen und eine andere Meinung für sich ablehnen oder annehmen:

Die Schnur

Es war einmal ein indischer König namens Akbar. Eines Tages spannte er eine gerade Schnur und forderte seine Minister auf: „Schneidet diese Schnur nicht ab, verknotet sie nicht, doch verkürzt sie auf eine andere Art und Weise!" Die Minister dachten lange nach, wie die Schur verkürzt werden könnte, ohne abgeschnitten oder verknotet zu werden, doch sie kamen zu keinem Ergebnis.

Schließlich stand der weiseste von ihnen auf und spannte eine längere Schnur daneben. Durch diese zweite, längere Schnur wurde die erste automatisch verkürzt, ohne jedoch verknotet oder abgeschnitten zu sein.

Da sagte König Akbar:

„Gut gemacht! Ähnlich sollen wir die Meinung eines anderen betrachten und unsere eigene danebenspannen wie diese Schnur, sie dabei nicht antasten oder beschneiden. Dann kann der andere selbst entscheiden, was länger und was kürzer, was besser oder was schlechter ist."

Niemand urteilt schärfer als der Ungebildete.
Er kennt weder Gründe noch Gegengründe
und glaubt sich immer im Recht.

Ludwig Feuerbach

LASS DICH NICHT PROVOZIEREN

Wer sich einer Provokation ausgesetzt sieht, hat verschiedene Möglichkeiten, sie zu erwidern. Die meisten Menschen reagieren mit Ärger, Wut oder einem Gegenangriff. Also genauso, wie der Herausforderer es wollte. Doch: Man muss nicht jeden Ball auffangen, der einem zugeworfen wird:

Wem gehört das Geschenk?

Es wird von einem großen Krieger berichtet, von dem, obwohl er inzwischen alt geworden war, immer noch das Gerücht ging, dass er jeden Gegner besiegen könnte. Seine Geschicktheit mit dem Schwert ebenso wie seine Weisheit hatten dazu geführt, dass er viele Schüler um sich gesammelt hatte.

Eines Tages bekam der alte Krieger Besuch von einem jungen Mann, der fest entschlossen war, den alten Meister herauszufordern und zu besiegen. Die Schüler des alten Meisters wurden sehr unruhig, als sie sahen, wer der junge Mann war, denn er war weithin bekannt als rücksichtsloser Krieger. Er hatte eine nahezu unheimliche Fähigkeit, die Schwachpunkte des Gegners zu entdecken, um sie dann zu seinem eigenen Vorteil zu nutzen. Die Taktik, die er anwandte und die bis dahin immer funktioniert hatte, war, den ersten Schlag des Gegners abzuwarten, seinen Schwachpunkt zu entdecken und dann mit schonungsloser Kraft zuzuschlagen.

Die Schüler, die ihrem Meister sehr zugetan waren, wollten ihn nicht von dem jungen Mann erniedrigt sehen und rieten ihm davon ab, die Herausforderung anzunehmen. Doch der alte Krieger zögerte nicht, sondern machte sich bereit zum Kampf.

Schon auf dem Weg zum Platz, wo der Kampf ausgetragen werden sollte, begann der junge Mann den alten zu verunglimpfen. Das setzte sich auch fort, nachdem sie sich aufgestellt hatten, und ein paar Stunden lang schüttete der Jüngling seine höhnischen, herabwürdigenden und erniedrigenden Äußerungen über dem Alten aus. Er warf mit Erde und spie dem Meister ins Gesicht. Doch der alte Mann stand regungslos, ohne ein Wort zu seiner Verteidigung zu sagen und ohne es ihm mit gleicher Münze heimzuzahlen.

Zum Schluss gab der junge Mann auf. Er verbeugte sich vor dem Meister, erklärte sich besiegt und ging dann hastig seines Weges.

Die Schüler des Meisters waren selbstverständlich glücklich über den Sieg, konnten es aber nicht bleiben lassen, sich ein wenig enttäuscht darüber zu wundern, wie der Meister es zulassen konnte, sich alle diese Beleidigungen anzuhören, ohne darauf zu antworten.

„Wenn jemand mit einem Geschenk zu dir kommt, das du nicht entgegennimmst“, antwortete der Meister ruhig, „wem gehört dann das Geschenk?“

Kristina Reftel

Nichts verleiht
mehr Überlegenheit,
als ruhig und unbekümmert
zu bleiben.

Thomas Jefferson

WER MIT DEM FINGER AUF ANDERE ZEIGT, ZEIGT VOR ALLEM AUF SICH

Was sagt das, was wir von uns geben, eigentlich über uns aus? Was verrät das, was ein anderer erzählt, über ihn? Diese kleine Gedankenspielerei kann im Umgang mit anderen hilfreich sein:

Identifikation

„Der Alltag ist eine höchst kostbare Gelegenheit, uns in Weisheit zu üben“, sagte ein Sufimeister zu seinem Schüler. „Ich zeige dir, was ich meine. Komm mit.“

Und so begaben sich die beiden zum Markt, wo geschäftiges Treiben herrschte. Menschen, Farben, Düfte – alles vermischte sich miteinander. Plötzlich rief ein Mann in der Menge:

„Wen sieht man denn da? Den gottlosen, alten Faulenzer mit seinem kleinen Liebhaber!“

Wütend stürzte sich der Schüler angesichts dieser abwegigen Anschuldigungen auf den Mann. Sie prügelten sich, bis der Meister sagte:

„Jetzt beruhige dich doch. Wir kehren nun nach Hause zurück, und ich zeige dir, wie du solche Situationen meistern kannst, indem du ihre Ursache erkennst.“

Zu Hause angekommen, zog der Meister ein Bündel an ihn adressierter Briefe heraus. In diesen Schreiben wurde er als Meister aller Meister

angesprochen, als vollkommener Kenner des Koran, als Meister, der die Vollkommenheit erlangt hat, als Weisester unter den Weisen, und so weiter.

Dieses Lob zauberte ein glückliches Lächeln auf die Lippen des Schülers.

„Wenn du recht hinsiehst“, so der Meister, „kannst du aus diesen Briefen eine wichtige Lehre ziehen: Jeder der Schreiber nennt nicht einmal meinen Namen. Keiner spricht mich als das an, was ich bin, sondern als den, für den er mich hält. Und auch der Mann auf dem Markt nannte mich das, was er im Geheimen von sich selbst glaubt oder was er für sich fürchtet. So sind die Menschen nun einmal. Warum also sollten wir über das, was man über uns sagt, in Wut geraten oder uns freuen?“

Gianluca Magi

Wer mit dem Zeigefinger allgemeiner Vorwürfe auf den oder die vermeintlichen Anstifter oder Drahtzieher zeigt, sollte daran denken, dass in der Hand mit dem ausgestreckten Zeigefinger zugleich drei andere Finger auf ihn selbst zurückweisen.

Gustav Heinemann

Leichter über den Berg

Wenn's
schwierig wird

Ob sich ein Leben leicht oder schwer anfühlt, hat auch viel mit einer eigenen Haltung zu tun:

Das Gewicht des Lebens

Ein Schüler kam zu einem weisen alten Mann.

„Herr“, sprach er mit schleppender Stimme, „das Leben liegt wie eine Last auf meinen Schultern. Es drückt mich zu Boden, und ich habe das Gefühl, unter dem Gewicht zusammenzubrechen.“

„Mein Sohn“, sagte der Alte mit einem liebevollen Lächeln „das Leben ist leicht wie eine Feder.“

„Herr, bei aller Demut, aber hier musst du irren. Denn ich spüre mein Leben wie eine Last von tausend Pfunden auf mir. Sag, was kann ich tun?“

„Wir sind es selbst, die uns Last auf unsere Schultern laden“, sagte der Alte, immer noch milde lächelnd.

„Aber …“, wollte der Junge einwenden.

Der alte Mann hob die Hand: „Dieses ‚Aber‘, mein Sohn, wiegt allein schon tausend Pfund.“

Kein Leben ist so hart,
dass man es nicht leichter machen könnte
durch die Art, wie man es nimmt.

Ellen Glasgow

IN KLEINEN SCHRITTEN

Jeder macht in seinem Leben auch mal schwere Zeiten oder gar Krisen durch. Für solch dunkle Zeiten, in denen man sich halt- und hoffnungslos und oftmals wie gelähmt fühlt, hat die russische Autorin Elena Mikhalkova folgende Worte:

Wenn die Zeiten schwierig sind

Meine Großmutter hat mir mal diesen Tipp gegeben:
Wenn die Zeiten schwierig sind, gehe in kleinen Schritten weiter.
Tu, was du tun musst, aber tu es langsam.
Denk nicht an die Zukunft oder an das,
was morgen passieren könnte.
Spüle das Geschirr. Wisch Staub.
Schreib einen Brief. Koch eine Suppe.
Siehst du?
Du kommst vorwärts, Schritt für Schritt.
Mach einen Schritt und dann eine Pause.
Ruh dich aus. Lobe dich selbst.
Mach den nächsten Schritt. Dann noch einen.
Du wirst es kaum bemerken, aber die Zahl
deiner Schritte wächst.
Und die Zeit wird kommen, in der du wieder an
die Zukunft denken kannst, ohne zu weinen.

Elena Mikhalkova

DIE KETTEN DER VERGANGENHEIT

Aus Erfahrung lernen wir. Doch wir entwickeln uns. Und das Leben geht auch weiter. Von Zeit zu Zeit lohnt es sich, Lernerfahrungen neu zu hinterfragen. Vor allem dann, wenn sie zu enge Grenzen setzen:

Der angekettete Elefant

Als ich ein kleiner Junge war, war ich vollkommen vom Zirkus fasziniert, und am meisten gefielen mir die Tiere. Vor allem der Elefant hatte es mir angetan. Wie ich später erfuhr, ist er das Lieblingstier vieler Kinder. Während der Zirkusvorstellung stellte das riesige Tier sein ungeheures Gewicht, seine eindrucksvolle Größe und seine Kraft zur Schau. Nach der Vorstellung aber und auch in der Zeit bis kurz vor seinem Auftritt blieb der Elefant immer am Fuß an einen kleinen Pflock angekettet. Der Pflock war allerdings nichts weiter als ein winziges Stück Holz, das kaum ein paar Zentimeter tief in der Erde steckte. Und obwohl die Kette mächtig und schwer war, stand für mich ganz außer Zweifel, dass ein Tier, das die Kraft hatte, einen Baum mitsamt der Wurzel auszureißen, sich mit Leichtigkeit von einem solchen Pflock befreien und fliehen konnte. Dieses Rätsel beschäftigt mich bis heute. Was hält ihn zurück? Warum macht er sich nicht auf und davon?

Als Sechs- oder Siebenjähriger vertraute ich

noch auf die Weisheit der Erwachsenen. Also fragte ich einen Lehrer, einen Vater oder Onkel nach dem Rätsel des Elefanten. Einer von ihnen erklärte mir, der Elefant mache sich nicht aus dem Staub, weil er dressiert sei. Meine nächste Frage lag auf der Hand: „Und wenn er dressiert ist, warum muss er dann noch angekettet werden?“[...]

Vor einigen Jahren fand ich heraus, dass zu meinem Glück doch schon jemand weise genug gewesen war, die Antwort auf die Frage zu finden: Der Zirkuselefant flieht nicht, weil er schon seit frühester Kindheit an einen solchen Pflock gekettet ist! Ich schloss die Augen und stellte mir den wehrlosen neugeborenen Elefanten am Pflock vor. Ich war mir sicher, dass er in diesem Moment schubst, zieht und schwitzt und sich zu befreien versucht. Und trotz aller Anstrengung gelingt es ihm nicht, weil dieser Pflock zu fest in der Erde steckt. Ich stellte mir vor, dass er erschöpft einschläft und es am nächsten Tag gleich wieder probiert, und am nächsten Tag wieder, und am nächsten ...

Bis eines Tages, eines für seine Zukunft verhängnisvollen Tages, das Tier seine Ohnmacht akzeptiert und sich in sein Schicksal fügt. Dieser riesige, mächtige Elefant, den wir aus dem

Zirkus kennen, flieht nicht, weil der Ärmste glaubt, dass er es nicht kann. Allzu tief hat sich die Erinnerung daran, wie ohnmächtig er sich kurz nach seiner Geburt gefühlt hat, in sein Gedächtnis eingebrannt. Und das Schlimme dabei ist, dass er diese Erinnerung nie wieder ernsthaft hinterfragt hat. Nie wieder hat er versucht, seine Kraft auf die Probe zu stellen.

Uns allen geht es ein bisschen so wie diesem Zirkuselefanten: Wir bewegen uns in der Welt, als wären wir an Hunderte von Pflöcken gekettet. Wir glauben, einen ganzen Haufen Dinge nicht zu können, bloß, weil wir sie ein einziges Mal, vor sehr langer Zeit, damals, als wir noch klein waren, ausprobiert haben und gescheitert sind. Wir haben uns genauso verhalten wie der Elefant, und auch in unser Gedächtnis hat sich die Botschaft eingebrannt: Ich kann das nicht, und ich werde es niemals können. Mit dieser Botschaft, der Botschaft, dass wir machtlos sind, sind wir groß geworden, und seitdem haben wir niemals mehr versucht, uns von unserem Pflock loszureißen.

Der einzige Weg herauszufinden, ob du etwas kannst oder nicht, ist, es auszuprobieren, und zwar mit vollem Einsatz. Aus ganzem Herzen!

Jorge Bucay

Wir wollen doch mal sehen,
ob nicht die allermeisten
sogenannten „unüberwindbaren
Schranken“, die die Welt zieht,
sich als harmlose Kreidestriche
herausstellen!

Lou Andreas Salomé

LASS DICH NICHT UNTERKRIEGEN

Die folgende Geschichte zeigt, wie man sich mit eigener Kraft aus einem tiefen Loch befreit. Die schlechten Erfahrungen können dabei eine wichtige Rolle übernehmen:

Der Esel im Brunnen

Der Esel eines Bauern fiel in einen tiefen Brunnen. Er schrie fürchterlich, doch alle Versuche, ihn zu retten, scheiterten. Weil das Tier schon alt war und der Brunnenschacht ohnehin abgedeckt werden sollte, entschied der Bauer schweren Herzens, den Esel im Brunnen sterben zu lassen. Schaufel für Schaufel schüttete er Erde, Unrat und Dreck in den Brunnen. Als der Esel erkannte, was los war, schrie er noch lauter. Erst nach einiger Zeit beruhigte er sich. Da wagte es der Bauer, in den Schacht zu schauen. Er staunte nicht schlecht, denn der Esel hatte etwas Erstaunliches getan. Jede Schaufel Erde, die auf seinem Fell landete, hatte er abgeschüttelt, festgetrampelt und war auf diese Weise langsam immer höher gekommen. Bald war der Boden im Brunnen hoch genug, dass der Esel aus eigener Kraft aus dem Loch heraussteigen und davontraben konnte.

Hindernisse
und Schwierigkeiten sind Stufen,
auf denen wir in die Höhe steigen.

Friedrich Nietzsche

ZU SCHNELL BEURTEILT

Wie viel Macht geben wir vorschnellen Interpretationen? In der folgenden Geschichte reicht ein flüchtiger Gruß aus, eine ganze Gedankenspirale in Gang zu setzen, die zur Kränkung führt – aber nur im Kopf stattfindet:

Die Geschichte mit dem Hammer

Ein Mann will ein Bild aufhängen. Den Nagel hat er, nicht aber den Hammer. Der Nachbar hat einen. Also beschließt unser Mann, hinüberzugehen und ihn auszuborgen. Doch da kommt ihm ein Zweifel: Was, wenn der Nachbar mir den Hammer nicht leihen will? Gestern schon grüßte er mich nur so flüchtig. Vielleicht war er in Eile. Aber vielleicht war die Eile nur vorgeschützt, und er hat was gegen mich. Und was? Ich habe ihm nichts angetan; der bildet sich da etwas ein. Wenn jemand von mir ein Werkzeug borgen wollte, ich gebe es ihm sofort. Und wa-

Das Glück deines Lebens
hängt von der Beschaffenheit
deiner Gedanken ab.

Mark Aurel

rum er nicht? Wie kann man einem Mitmenschen einen so einfachen Gefallen abschlagen? Leute wie dieser Kerl vergiften einem das ganze Leben. Und dann bildet er sich noch ein, ich sei auf ihn angewiesen. Bloß weil er einen Hammer hat. Jetzt reicht's mir wirklich. – Und so stürmt er hinüber, läutet, der Nachbar öffnet, doch bevor der „Guten Tag“ sagen kann, schreit ihn unser Mann an: „Behalten Sie Ihren Hammer, Sie Rüpel!“

Paul Watzlawick

PRIORITÄTEN SETZEN

Manchmal kann oder will man den Dingen nicht ins Auge sehen und schiebt eine Ausrede vor. Was dabei passiert, erzählt die folgende Geschichte:

Überzeugungen und ihre Auswirkungen

Ein Bauer musste, um sein Feld zu bewässern, Tag für Tag zum Brunnen gehen und dort Wasser holen, das er in die Bewässerungskanäle schüttete. Dazu benutzte er einen Eimer, doch dieser Eimer war in Wirklichkeit ein großes Sieb. Also hatte er, wenn er an den Wassergräben ankam, einen großen Teil des Wassers, das er aus dem Brunnen geschöpft hatte, bereits wieder verloren. Trotzdem trug er das Wasser Tag für Tag mit seinem löchrigen Eimer.

Eines Tages wies ihn ein Freund darauf hin, dass sein Eimer rinne.

„Ich weiß schon, ich bin ja nicht blind!", antwortete der Bauer.

„Warum reparierst du ihn dann nicht?"

„Ich habe keine Zeit. Ich muss ja den ganzen Tag Wasser tragen."

Gianluca Magi

FANG EINFACH AN!

Manche Menschen haben hervorragende Ideen und hochgesteckte Ziele. Doch um diese in die Realität umzusetzen, muss man auch tätig werden:

Ein Meister zu seinem Schüler:
„Fange an, dann wirst du lernen!“
Der Schüler antwortete:
„Ich weiß aber noch nicht genug!“
„Dann warte!“
„Worauf soll ich warten?“, wollte der Schüler wissen.
Des Meisters Antwort: „Bist du anfängst!“

Weisheit aus China

Wege entstehen dadurch, dass man sie geht.

Franz Kafka

OHNE FLEISS KEINEN PREIS

Ein Ziel zu erreichen, kann ganz schön anstrengend sein. Für den Weg dorthin die folgende aufmunternde Geschichte:

Raupe oder Schmetterling?

Eines Tages kam ein Schüler zum Meister.

„Meister“, stöhnte er, „um euren Lehren zu folgen ist so viel Mühe nötig. Das ist mir alles viel zu anstrengend. Ich werde das Studium beenden.“

Mit einem traurigen Blick schaute der weise Mann auf seinen Schüler. „Kennst du die Geschichte von der Raupe?“, fragte er.

Der Schüler schüttelte den Kopf.

„Gut, dann will ich sie dir erzählen. „Es war einmal eine Raupe, die hatte das Gefühl, dass die Verwandlung zum Schmetterling zu anstrengend sei. So beschloss sie, eine Raupe zu bleiben. Und während sie mühsam und langsam durchs Leben kroch, schaute sie immer mal wieder hinauf zu all den Schmetterlingen, die im Sommerwind von Blume zu Blume tanzten ...“

Der alte Mann blickte den Schüler an und fuhr dann fort:

„Nun überleg dir gut, ob der scheinbar einfachere Weg auch tatsächlich der einfachere ist.“

Aus dem Zen Buddhismus

Gib das, was dir wichtig ist,
nicht auf, nur weil es
nicht einfach ist

Albert Einstein

ES LIEGT AN DIR:

Wenn du denkst, dass du geschlagen bist,
dann bist du geschlagen.
Wenn du denkst, dass du es nicht wagst,
wirst du es nicht wagen.
Wenn du gewinnen möchtest, aber denkst,
dass du es nicht kannst, ist es unmöglich,
dass du es schaffen wirst.
Wenn du denkst, dass du verlieren wirst,
hast du verloren.
Denn in der Welt draußen wirst du sehen,
dass Erfolg mit dem Willen eines Menschen
beginnt.
Alles liegt in dir.

Gar oft ist mancher Lauf verloren,
bevor auch nur ein Schritt getan.
Und manch ein Feigling hat versagt,
bevor er sein Werk auch nur begann.
Denke groß, und deine Taten werden wachsen.
Denke klein, und du wirst zurückbleiben.
Denke, dass du es kannst, und du wirst es
können.
Alles liegt in dir.

Wenn du denkst, dass du ausgestoßen bist,
dann bist du es.
Du musst hoch denken, um aufzusteigen.
Du musst von dir überzeugt sein,
bevor du jemals einen Preis gewinnst.
Des Lebens Kämpfe werden nicht immer
von den Stärkeren und Schnelleren geführt.
Aber der Mensch, der gewinnt, ist der,
der denkt, er kann.

Leichter ans Ziel

Erkennen,
was man will vom Leben

TRÄUMST DU NOCH, ODER LEBST DU SCHON?

Das kommt einem nur allzu bekannt vor: Die verschiedenen Stimmen im Kopf, wenn sich ein kleiner Traum auf den Weg macht:

Flugbereit

„Du bist ein Dummkopf", sagte der Realist eines Tages zum Träumer. „Die Straße des Lebens ist nichts für Träumereien. Sie ist asphaltiert und gerade. Kurven lassen sich vorhersehen. Kreuzungen sind berechen- oder mindestens versicherbar."

„Du bist ein Dummkopf", sagte der Pessimist zum Träumer. „Die Straßen sind voller Hektik, gefährlich und eng – da ist kein Platz für große Träume."

„Ja, gingen die Träume auf unseren Lebensstraßen – ihr hättet wahrscheinlich recht", sagte der Träumer und sein Blick folgte dem Wolkenflug.

„Aber bedenkt, Träume haben keine Beine – Träume haben Flügel."

Armin Kaupp

Ihr aber seht und sagt:
Warum?
Aber ich träume und sage:
Warum nicht?

George Bernard Shaw

LEBE MUTIG

Wenn wir als Kinder nicht den Mut gehabt hätten, aufzustehen, hätten wir nie laufen gelernt. Hinfallen gehört dazu. Und wieder aufstehen ebenfalls. Mit Mut lassen sich Grenzen überwinden – um das zu leben, das in einem steckt:

Vom Vogel, der nicht singen wollte

Es war einmal ein kleiner Vogel. Er war vor nicht allzu langer Zeit aus seinem Ei geschlüpft und hatte inzwischen auch schon ganz gut zu fliegen gelernt. Nun wollten ihm seine Eltern das Singen beibringen.

Sein Vater sang ihm alle Lieder vor, die er kannte, doch der kleine Vogel traute sich nicht, einzustimmen.

„Wenn ich singe“, dachte er, „hören mich auch die, die mich fressen wollen.“

Und so blieb er stumm.

Nach einer Weile gaben die Eltern auf. Sie waren schon dabei, neue Eier auszubrüten und hatten keine Zeit mehr für den kleinen Vogel.

Während all die anderen Vögel zwitscherten und jubilierten, saß er ganz still auf einem Ast.

Zu sehr fürchtete er, eine Katze könnte auf ihn aufmerksam werden und sich von hinten anschleichen. Oder ein Falke könnte kommen und ihn im Sturzflug ergreifen. Wenn er nicht sang, würden die Jäger ihn bestimmt nicht entdecken.

Der kleine Vogel wurde sehr alt. Aber er war sehr einsam.

Tania Konnerth

Etwas zu wagen bedeutet, vorübergehend den festen Halt zu verlieren. Nichts zu wagen bedeutet, sich selbst zu verlieren.

Søren Kierkegaard

WER BIST DU?

Im Leben nehmen wir immer eine Rolle ein. Doch wer sind und was wollen wir wirklich?

Es war einmal eine Frau, die schwer erkrankt war und im Koma lag. Die Zeit verstrich, ohne dass sie wieder zu sich kam. Auf einmal erschien es ihr so, als sei sie tot, als befände sie sich im Himmel und stände nun vor einem Richterstuhl.

„Wer bist du?“, fragte eine Stimme.

„Ich bin die Frau des Bürgermeisters“, antwortete die Frau.

„Ich habe nicht gefragt, wessen Ehefrau du bist, sondern, wer du bist.“

„Ich bin Mutter von vier Kindern“, entgegnete die Frau.

„Ich habe dich nicht gefragt, wessen Mutter du bist, sondern wer du bist.“

„Ich bin Lehrerin“, gab die Frau zur Antwort, und ihre Stimme schwankte etwas.

„Ich habe auch nicht nach deinem Beruf gefragt, sondern wer du bist.“

„Ich bin Christin“, sagte die Frau, nun schon ziemlich ratlos.

„Ich habe dich nicht nach deiner Religion gefragt, sondern wer du bist.“

Und so ging es immer weiter. Alles, was die

Frau erwiderte, schien keine befriedigende Antwort auf die Frage „Wer bist du?“ zu sein.

Die Frau war aber keineswegs tot, sondern erwachte wenig später aus dem Koma. Zum Erstaunen aller wurde sie wieder gesund. Sie beschloss nun, der Frage „Wer bist du?“ auf den Grund zu gehen und herauszufinden, wer sie wirklich war.

Nach Anthony de Mello

Vertraue dir selbst.
Erschaffe die Art von Selbst, mit dem du
dein ganzes Leben glücklich leben wirst.

Golda Meir

DU KANNST ES NIE ALLEN RECHT MACHEN

Wer versucht, es allen recht zu machen, kann ganz schön unter Druck geraten. Die eigenen Bedürfnisse bleiben dabei außen vor:

Vater, Sohn und Esel

Ein Vater war mit seinem Sohn und einem Esel auf dem Weg in ein Dorf. Der Vater lief hinter dem Esel, während sein Sohn auf dem Esel saß. So kamen sie an einigen Bauern vorbei, die auf den Feldern arbeiteten. „Schaut euch das an. Ist das die heutige Erziehung?“, sagten sie so laut, dass Vater und Sohn es hören mussten. „Hast du denn keinen Respekt für deinen Vater?“, fragte ein Bauer den Sohn ganz entrüstet. „Du lässt dich faul vom Esel tragen, während dein Vater hinterher laufen muss. Und das in dieser Hitze!“ Der Sohn erschrak durch diese Bemerkung sehr und schämte sich, sprang von dem Esel hinunter und forderte seinen Vater auf, sich auf den Esel zu setzen.

Sie waren noch nicht weit gekommen, da begegnete ihnen eine Gruppe von Wanderern. „Was für eine Schande“, rief einer von ihnen. „Was bist du für ein schlechter Vater! Lässt dein Kind hinter dir herlaufen und thronst selbst wie ein König auf dem Esel!“

Nun fühlte sich der Vater schlecht. Er sagte zu seinem Sohn: „Komm her und setz dich vor mir auf den Esel. Es ist genug Platz für uns beide da."

Nach einiger Zeit kamen sie an einen Brunnen, aus dem gerade einige Frauen Wasser schöpften. Als sie Vater und Sohn auf dem Esel reiten sahen, sagten sie: „Merkt ihr das denn nicht: Das arme Tier sinkt durch euer Gewicht in die Knie. Das ist Tierquälerei."

Vater und Sohn sahen sich an, nickten und stiegen nun beide vom Esel ab. Der freute sich und lief nun, befreit von seiner Last, vor ihnen her.

Bald erreichten sie ein Dorf und liefen an einem Café vorbei. Dort saßen ein paar Leute und spielten Karten. Als sie Vater und Sohn hinter dem Esel hertraben sahen, begannen sie lauthals zu lachen und riefen: „Was seid ihr für Dummköpfe! Da habt ihr einen starken Esel, und anstatt das Tier als Reittier zu nutzen, trottet ihr hinterher."

Vater und Sohn liefen einfach weiter. Dann nahm der Vater seinen Sohn zur Seite und sagte zu ihm: „Jetzt siehst du, wie es in der Welt zugeht. Es ist einerlei, was wir tun: Immer findet sich jemand, der damit nicht einverstanden ist. Du kannst es nie allen Recht machen. Darum ist es einfach das Beste, wenn du selbst entscheidest, was du tust und was du als richtig empfindest!“

Tu das, was du für richtig hältst, es wird immer jemanden geben, der anders denkt.

Michelle Obama

ES IST MÖGLICH

Wer Erfolg hat, geht unterschiedlich an die Dinge heran:

Sieger und Verlierer

Der Sieger hat immer einen Plan. Der Verlierer hat immer eine Ausrede.
Der Sieger findet für jedes Problem eine Lösung. Der Verlierer findet in jeder Lösung ein Problem.
Der Sieger vergleicht seine Leistungen mit seinen Zielen. Der Verlierer vergleicht seine Leistungen mit denen anderer Leute.
Der Sieger sagt: „Es mag schwierig sein, aber es ist möglich!“ Der Verlierer sagt: „Es ist möglich, aber es ist zu schwierig.“
Der Sieger ist immer ein Teil der Lösung. Der Verlierer ist immer ein Teil des Problems.
Es zählt allein, was du tust!

Leicht und zuversichtlich
Gut gerüstet für alle Fälle

JAGE DIE ÄNGSTE FORT

Viele haben Ängste – welcher Art auch immer. Die folgende Geschichte zeigt eine Möglichkeit auf, wie man sie überwinden kann:

Lernen von der Maus

Ein kleiner Junge und eine Maus werden gute Freunde. Eines Tages steckt er sie in seine Hosentasche und nimmt sie mit hinaus zum Spielen. Da taucht plötzlich eine Katze auf.

Der Junge bekommt es mit der Angst zu tun, denn er weiß: „Katzen fressen Mäuse." Schnell rennt er weg. Doch die Katze scheint größer und größer zu werden. Der Junge läuft und läuft, bis die Katze so groß ist wie ein Baum. Der Junge ist verzweifelt. Völlig außer Atem hält er an.

Da meldet sich aus seiner Hosentasche eine leise Stimme zu Wort: „Du musst dich umdrehen", sagt die Maus, „schau der Katze in die Augen und gehe ihr entgegen, dann wird sie wieder kleiner!"

Der Junge dreht sich um und sieht in Richtung der Riesenkatze. Dann nimmt er allen Mut zusammen und geht auf sie zu. Und tatsächlich – die Katze wird kleiner. Sie schrumpft und schrumpft, bis sie wieder ihre normale Größe hat. Dann streicht sie dem Jungen um die Beine und schnurrt.

Setze dich deiner tiefsten Angst aus.
Danach hat die Angst keine Macht mehr
über dich und die Angst vor Freiheit
schrumpft und verschwindet.
Du bist frei.

Jim Morrison

Wer sein Ziel im Blick behält, verliert nicht so schnell seinen Halt:

Das andere Ufer

Ein Forscher durchquerte mit seinem Pferd einen breiten, reißenden Strom. In der Mitte des Stromes kam er durch die Einwirkung der Strudel in Gefahr. Vom Schwindel befallen, drohte er vom Pferd abzustürzen und abzutreiben. Sein Begleiter rief ihm von der Ferne zu:

„Fassen Sie das gegenüberliegende Ufer ins Auge!"

Der Forscher befolgte den Rat, sah mit festem Blick auf sein Ziel und erreichte es glücklich.

Paul Lechler

Sobald der Geist auf ein Ziel gerichtet ist,
kommt ihm vieles entgegen.

Johann Wolfgang von Goethe

Der Samurai und der Spatz

Einst lebte ein großer Samurai, der für seinen Herrn in unzähligen Kriegen viele Kämpfe gewonnen hatte. Dann kam aber der Tag, an dem er seinen ersten Kampf verlor. Gedemütigt und voller Zorn gegen sich selbst und den Rest der Welt wollte er seinem Leben ein Ende setzen. Er ritt die staubige Landstraße entlang und sann darüber nach, wie er sich am grausamsten ins Jenseits befördern könnte.

Plötzlich sah er vor sich einen kleinen Spatz. Er lag auf dem Rücken und streckte seine Füßchen zum Himmel. Der Samurai, der sich in seinem Grübeln gestört fühlte, schrie den Spatz an:

„Geh mir aus dem Weg, du unwürdiges Federvieh!“

Der Spatz aber erwiderte völlig ruhig:

„Nein, das werde ich nicht tun, denn ich habe eine große Aufgabe zu verrichten.“

Da beugte sich der große Samurai zu ihm herunter und fragte verächtlich:

„Was könnte das schon für eine Aufgabe sein?“

Der Spatz antwortete: „Ich habe gehört, dass heute der Himmel auf die Erde stürzen wird, und ich werde ihn mit meinen Füßen auffangen.“

Als der grimmige Samurai das hörte, lachte er laut auf:

„Was, du kleines Federknäuel willst mit deinen dürren Beinchen den Himmel auffangen?“

„Ja, antwortete der Spatz, niemand ist zu klein, um nicht auch Großes zu vollbringen.“

Da verbeugte sich der große Samurai voller Bewunderung vor dem kleinen Spatz.

Falls du glaubst, dass du zu klein bist,
um etwas zu bewirken, dann versuche mal zu
schlafen, wenn eine Mücke im Raum ist.

Dalai Lama

BEITRAG LEISTEN

Jeder kann etwas dafür tun, die Welt ein kleines bisschen besser zu machen. Wie, dazu inspiriert die folgende Geschichte:

Die Welt in Ordnung bringen

Ein Kind wollte mit seinem Vater spielen. Doch der Vater hatte weder Zeit noch Lust zum Spielen. Da kam ihm eine Idee, wie er das Kind beschäftigen könne.

In einer Zeitung fand er eine Abbildung der Erde. Er riss das Blatt mit der Weltkugel aus der Zeitung heraus und zerschnitt es in viele kleine Teile. Das Kind liebte Puzzles und machte sich sofort daran, es zusammenzusetzen. Der Vater lehnte sich zufrieden zurück.

Doch schon nach kurzer Zeit kam das Kind mit dem vollständigen Welt-Bild zurück. Überrascht wollte der Vater wissen, wie es möglich war, in so kurzer Zeit alle Einzelteile zu ordnen.

„Das war ganz einfach!“, antwortete das Kind stolz. „Auf der Rückseite des Blattes war ein Mensch abgebildet. Den habe ich zusammengesetzt. Und als der Mensch in Ordnung war, war es auch die Welt.

Sei du selbst die Veränderung,
die du dir für diese Welt wünschst.

ALLES IM FLUSS

In der folgenden Geschichte geht es um die Vergänglichkeit aller Dinge. Nichts bleibt, wie es ist. Für die Höhen und Tiefen eines Lebens kann dies Trost und Erinnerung zugleich sein:

Die Weisheit des Rings

Ein König suchte nach einer kurzen, aber mächtigen Botschaft, die ihm in seinen dunkelsten Stunden Trost spenden sollte. Er versammelte all seine Gelehrten um sich, doch keiner konnte ihm diesen Spruch liefern.

Ein alter Diener, der ihm seit seiner Kindheit sehr nahe stand, bot jedoch eine Lösung. Vor vielen Jahren hatte ihm ein mystischer Gast diese kurze, aber tiefsinnige Botschaft übergeben. Er schrieb sie auf einen Zettel, faltete ihn zusammen und übergab sie dem König. Dieser steckte sie in seinen Ring und versprach, sie nur in der dunkelsten Stunde seines Lebens zu lesen.

Der Tag der Verzweiflung kam, als der König von Feinden gejagt wurde und sich am Rande eines Abgrunds wiederfand, mit dem Tod vor und den Feinden hinter ihm. In dieser aussichtslosen Lage erinnerte er sich an den Ring. Er öffnete ihn und las die Nachricht. Sie lautete: „Auch dies wird vorübergehen." Mit diesen Worten fand er innere Ruhe. Seine Angst war verflogen. Und wirklich, die Situation änderte sich. Die Verfolger verloren seine Spur, und der König konnte entkommen.

Nachdem er sein Königreich zurückerobert hatte, feierte die ganze Stadt seinen Sieg.

Da kam der Diener erneut auf den König zu und erinnerte ihn an die Botschaft im Ring. Diesmal nicht als Trost in der Not, sondern als Erinnerung in Zeiten des Triumphs.

Und wieder öffnete der König den Ring und las die Worte: „Auch dies wird vorübergehen." Inmitten des Jubels erkannte er, dass auch dieser Moment der Freude vergänglich ist, und er wurde von Demut gefasst.

Die abschließende Weisheit des alten Dieners war tiefgreifend: „Alles geht vorüber. Nur du, als ewiger Zeuge, bleibst bestehen."

„Alles geht vorüber." Wie unterschiedlich ist doch die Bedeutung dieses Satzes! In einer glücklichen Stunde wirkt er ernüchternd, angesichts von Kummer und Schmerz hingegen tröstlich.

Abraham Lincoln

GEWUSST WIE

So kann gar nichts schief gehen. Wie man einfach und unkonventionell seine Ziele erreicht, zeigt diese erfrischende Geschichte:

Der Meisterschütze

Einst gab es einen König, der nicht nur ein kluger Regent war, sondern auch ein meisterhafter Krieger. Als er einmal in seinem Reich unterwegs war, war er erstaunt, was er dort sah. Immer wieder kam er an einem Baum vorbei mit einer aufgemalten Zielscheibe, in welcher in der Mitte ein Pfeil steckte.

Das beunruhigte den König sehr, und er wollte wissen, wer so gut zielen konnte. Also schickte er seine Gefolgsleute los, um ihm diesen Meisterschützen zu bringen.

Es dauerte nicht lange, da tauchten seine Männer mit einem kleinen, etwa achtjährigen Jungen auf, der verschmitzt lächelte.

„Du bist also unser kleiner Meisterschütze", sagte der König erleichtert, „doch wo hast du bloß so gut zielen gelernt, mein Kind?"

„Das ist ganz einfach. Ich habe zuerst den Pfeil abgeschossen, und wenn er einen Baum traf, habe ich die Zielscheibe um den Pfeil herumgemalt."

Wer das Ziel kennt, kann entscheiden;
wer entscheidet, findet Ruhe;
wer Ruhe findet, ist sicher;
wer sicher ist, kann überlegen;
wer überlegt, kann verbessern.

Konfuzius

WIE WIRD DIE ZUKUNFT?

Das wüsste natürlich jeder gern. Vielleicht bringt die Botschaft dieser Geschichte die Antwort ein wenig näher:

Eine schwierige Frage

Weit oben in den Bergen lebte einst eine alte Frau. Sie war dafür bekannt, dass sie mit großer Weisheit gesegnet war, denn sie konnte nicht nur die Botschaft hören, die der Wind von Land zu Land trägt, und den Gesang der Vögel verstehen. Sie konnte auch in die Zukunft blicken, weswegen auch immer wieder Bewohner aus dem Tal zu Besuch kamen.

Eines Tages machten sich zwei Jungen auf den Weg zu ihr, die wissen wollten, was es mit diesen Fähigkeiten auf sich hat. „Ich weiß, wie wir sie prüfen können", sagte der eine zum anderen. Der schaute ihn fragend an.

„Lass mich nur machen", sagte der Junge. „Ich nehme einen kleinen Vogel in meine Hand, halte die Hände hinter dem Rücken und frage sie, was ich in der Hand halte."

„Die Alte ist so weise, sie wird wissen, dass du einen Vogel in der Hand hast", erwiderte sein Freund.

„Richtig. Aber dann frage ich sie, ob der Vogel lebt oder tot ist. Und nun pass auf: Sagt sie, der Vogel sei tot, dann lasse ich ihn fliegen; sagt sie, der Vogel lebt, dann drücke ich ihn schnell in meiner Hand tot und zeige ihr den leblosen Vogel. – Ganz gleich, was sie sagt, in beiden Fällen hat sie unrecht!"

So klopften sie an die Tür der alten Frau. Diese trat heraus und begrüßte sie freundlich.

„Guten Tag, weise Frau. Könnt Ihr mir eine Frage beantworten: Was halte ich hier hinter meinem Rücken in meiner rechten Hand?"

„Das sehe ich wohl", sagte die Frau, „du hast einen niedlichen kleinen Vogel in der Hand."

„Das stimmt! – Aber könnt Ihr mir mit all eurer Weisheit auch sagen, ob dieser Vogel lebt oder tot ist?"

Die weise Frau lächelte die Jungen an und sagte ruhig: „Das beantworte ich euch gern. Ob dieser Vogel lebt oder stirbt, liegt allein in deiner Hand!"

Und wieder hatte die alte Frau ihre Weisheit bewiesen.

Die Zukunft basiert auf dem, was wir heute tun.

Mahatma Gandhi

Verlagsgruppe Patmos in der Schwabenverlag AG, Ostfildern
Im Alten Rathaus/Hauptstraße 37
D-79427 Eschbach/Markgräflerland

www.verlag-am-eschbach.de
kundenservice@verlag-am-eschbach.de

Konzept und Textredaktion: Ilka Osenberg-van Vugt
Gestaltung und Satz: Angelika Kraut, Verlag am Eschbach
Kalligrafien: Ulli Wunsch, Wehr
Druck: Grafisches Centrum Cuno GmbH & Co. KG, Calbe
Hergestellt in Deutschland
ISBN 978-3-98700-157-4

FSC www.fsc.org
MIX
Papier | Fördert gute Waldnutzung
FSC® C043106

Gedruckt auf FSC®-zertifizierten Materialien
Näheres zur Nachhaltigkeitsstrategie der Verlagsgruppe Patmos
auf unserer Website www.verlagsgruppe-patmos.de/nachhaltig-gut-leben

Manufakt
Dieser Baum steht für Erhaltung unserer natürlichen Lebensgrundlagen, umweltschonende Ressourcenverwendung und nachhaltige Herstellung.
Individuell und mit Liebe gemacht.

Viele dieser Texte sind überliefert, eine Autorenzuordnung ist nicht immer möglich. Trotz sorgfältiger Recherche konnten wir dann keinen Rechteinhaber ausfindig machen. Für Hinweise sind wir dankbar.

Quellennachweis:

Hans Christian Andersen, aus: Der Traum der alten Eiche.

Jorge Bucay, Der angekettete Elefant, aus: ders., Komm ich erzähl dir eine Geschichte, © Jorge Bucay 1999. Aus dem Spanischen von Stephanie von Harrach. © Ammann Verlag & Co., Zürich 2005. Alle Rechte vorbehalten S. Fischer Verlag GmbH, Frankfurt am Main.

Armin Kaupp, Flugbereit, © Armin Kaupp.

Tania Konnerth, Vom Vogel, der nicht singen wollte, aus: dies., Aus der Schatzkiste des Lebens, © 2008 Verlag Herder GmbH, Freiburg im Breisgau.

Gianluca Magi, Glück; Identifikation; Übersetzung und ihre Auswirkungen, aus: ders., Der verborgene Schatz. Weisheitsgeschichten der Sufis, © 2009 der deutschsprachigen Ausgabe: Kailash Verlag in der Verlagsgruppe Random House GmbH, © der italienischen Originalausgabe: 2002 Edizioni Il Punto d'Incontro, Vicenza.

Hermann Multhaupt, Was glücklich machen kann, © Hermann Multhaupt.

Ulrich Peters, Von der Kerze, die nicht brennen wollte. Eine Weihnachtsgeschichte, © 2024 Verlag am Eschbach, Verlagsgruppe Patmos in der Schwabenverlag AG, Ostfildern.

Kristina Reftel, Die Lektion des Künstlers; Wem gehört das Geschenk, aus: dies. (Hg.), Ich habe nach dir gewonnen!, Übersetzung: Gabriele Schneider, © 2007, Gütersloher Verlagshaus, Gütersloh, in der Penguin Random House Verlagsgruppe GmbH.

Paul Watzlawick, Die Geschichte mit dem Hammer, aus: ders., Anleitung zum Unglücklichsein, © Piper Verlag GmbH, München 1983.

Steffen Zöhl, Wie man einen Fluss bestraft, © Praxis Der Zuhörer – Steffen Zöhl, Berlin.

Bildnachweis:

Fotografien: iStock/undefined undefined (S. 2/3), iStock/fermate (S. 17), iStock/bjdlzx (S. 22/23), iStock/clu (S. 29), shutterstock/Subbotina Anna (S. 44/45), iStock/Kateryna_Mostova (S. 51), iStock/alicjane (S. 56/57), iStock/Madeleine_Steinbach (S. 67), iStock/borchee (S. 70/71), iStock/w-ings (S. 81), iStock/gollykim (S. 101).

Grafiken und Hintergründe: iStock: Big_and_serious, channarongsds, J614, mooozi, Victoria_Novak, Vikeriya. shutterstock: Alexander Raths, Alisles, ARTHA DESIGN STUDIO, ARTidea, Artspace, Epine, grate_art, Irina Vaneeva, Lana1512, mamita, MOJX Studio, Olga Korneeva, paseven.